Steffi Baltes

Das Leben der Elisabeth von Thüringen

FRANCKE

Impressum

Bibliografische Information Der Deutschen Bibliothek
Die Deutsche Bibliothek verzeichnet diese Publikation in der Deutschen Nationalbibliografie; detaillierte bibliografische Daten sind im Internet unter http://dnb.ddb.de abrufbar.

ISBN 978-3-86122-949-0

Satz und Gestaltung: Henri Oetjen, DesignStudio Lemgo
Printed in Italy

www.francke-buch.de

Wir brauchen Vorbilder.
Menschen, die uns im Glauben vorausgegangen sind.
Menschen, die deutliche Spuren hinterlassen haben,
sodass wir ihnen folgen können.
Bis wir unseren eigenen Weg mit Gott gefunden haben.

So ein Mensch war Elisabeth von Thüringen.
Ihr Leben hat sich tief eingegraben
in das Gedächtnis der Welt.
Ihre Worte und Taten sind nicht spurlos
an uns vorübergegangen.

Die Spur, die sie uns hinterlassen hat,
ist nicht vom Wind der Zeit verweht.
Ihr Schritt war fest genug. Die Spuren tief und markant.
Unverwechselbar.
Noch heute, 800 Jahre nach ihrem Geburtstag,
stehen wir staunend vor ihrem Lebenswerk
und fragen uns, wie eine so junge,
unerfahrene Frau all das zustande bringen konnte.

Was ist ihr Geheimnis?
Dem wollen wir hier nachspüren.

Die kleine Elisabeth, die im Jahr 1207 das Licht der Welt erblickt, wird in keine einfache Zeit hineingeboren. Das 13. Jahrhundert ist ein Jahrhundert voller Leid und Kälte – geprägt durch Kriege, Hungersnöte, Kreuzzüge und Eroberungen. Viele Menschen sind enttäuscht von der Kirche, die sie als korrupt erleben. Sie fühlen sich alleingelassen.

Aber das 13. Jahrhundert ist auch ein Jahrhundert voller Aufbrüche, Entdeckungen, Wachstum und Hoffnung: Marco Polo bereist China und Tibet. Städte entwickeln sich zu Wirtschafts- und Handelszentren. Kunst und Architektur blühen auf und finden unter anderem im Bau von wunderschönen Domen ihren Ausdruck. Neue geistliche Bewegungen entstehen, die sich nach einem einfachen, echten Glaubensleben sehnen und tatkräftig den Armen helfen. Der Franziskanerorden wird gegründet. Karitative Laienbewegungen wie die Beginen und Begarden entstehen. Asketische Laienbruderschaften und Laienprediger wie die Waldenser und Katharer finden viele Anhänger.

Elisabeths Zeit ist eine Zeit im Umbruch. Voller Krisen und Herausforderungen, aber auch voller Chancen. Eine Zeit wie unsere vielleicht, auch wenn uns acht Jahrhunderte trennen.

Elisabeth ist aus gutem Hause. Sie hat „blaues Blut". Ihr Vater ist König Andreas II. von Ungarn, ihre Mutter Gertrud aus dem deutschen Fürstengeschlecht Andechs-Meran. Elisabeth hat als kleines Mädchen sicher alles gehabt, was man sich wünschen kann. Sie wohnt auf einer Burg, der Burg Sárospatak im Norden Ungarns. Sie badet in einem silbernen Badekübel. Sie hat schöne Kleider. Sie hat Spielgefährtinnen. Sie hat keine Sorgen.

Doch so märchenhaft, wie sich das Leben der kleinen Elisabeth anlässt, bleibt es nicht. Aus politischen Gründen wird sie bereits mit vier Jahren an ein anderes Fürstengeschlecht versprochen. Sie soll einmal den jungen Landgrafen im fernen Thüringen heiraten. So wird sie im Jahr 1211 fortgeschickt. Natürlich ist gut für sie gesorgt. Sie reist mit einer reichen Aussteuer und einem großen Gefolge. Die Ritter ihres Vaters beschützen sie. Ihre beste Freundin Guda kommt mit ihr. Ein schwacher Trost für das kleine Mädchen, das seine Eltern nie wiedersehen wird. Aber das versteht sie glücklicherweise zu diesem Zeitpunkt noch nicht.

Die Landschaft, die auf ihrer Reise an der kleinen Elisabeth vorüberzieht, ändert sich. Und so ändert sich auch ihr Leben.

Es ist eine Reise ins Unbekannte. Die Spur zurück, nach Hause, verliert sich. Vor ihr liegt ein unbekannter Weg.

Es ist eine Reise ins Unbekannte. Die Spur zurück, nach Hause, verliert sich. Vor ihr liegt ein unbekannter Weg.

Schliesslich kommt Elisabeth in ihrem neuen Zuhause an: Eisenach in Thüringen. Hier soll sie am landgräflichen Hof erzogen werden. Landgraf Hermann und die Landgräfin Sophie empfangen sie. Die beiden werden für Elisabeth zugleich Ersatzeltern, aber auch die zukünftigen Schwiegereltern sein.

Ein neuer Wegabschnitt beginnt. Die Spur scheint vorgezeichnet: Elisabeth soll eines Tages an der Seite von Hermann, dem jungen Sohn des Landgrafenpaares, ihre Pflichten als Landesmutter Thüringens wahrnehmen. Niemand kann zu diesem Zeitpunkt wissen, dass alles ganz anders kommen wird.

Elisabeth erhält eine strenge, aber gute Erziehung. Am Fürstenhof gibt es so manchen, der das kleine dunkelhaarige ungarische Mädchen mit kritischen Augen betrachtet – schließlich kommt sie von weither und sieht fremdartig aus. Dennoch soll sie eines Tages die erste Frau des Landes werden. Das ist für viele erst einmal gewöhnungsbedürftig.

Ein neuer Wegabschnitt beginnt.
Die Spur scheint vorgezeichnet.

Die kleine Elisabeth ist dazu noch ein eher anstrengendes Kind – wild, dickköpfig, und schon in jungen Jahren mit festen Ansichten. Sie spielt gerne. Und sie betet gerne. Sie gewinnt gerne bei den Wettspielen der Kinder am Hof. Und sie lässt andere gern gewinnen. Sie besitzt einen ausgeprägten Gerechtigkeitssinn und achtet darauf, dass keiner ihrer Spielkameraden leer ausgeht. Sie verbringt liebend gerne Zeit in der Kapelle. Sie will Gott gefallen und ihm nahe sein.

Sie sucht einen Weg zu Gott, schon als Kind.

Sie sträubt sich gegen den Reichtum und die Pracht, die am Hof ihrer Ersatz- und Schwiegereltern entfaltet wird. Eines Tages, als sie wieder einmal reich geschmückt neben der Landgräfin Sophie im Gottesdienst sitzt, nimmt sie ihre Krone vom Kopf und stellt sie neben sich auf den Platz. Später wird sie von Fürstin Sophie zur Rede gestellt, die das unstandesgemäße Verhalten nicht dulden will. Elisabeth erklärt kurzerhand, dass sie nicht so reich geschmückt am Gottesdienst teilnehmen wolle, während Christus arm und leidend am Kreuz hängt. Ein außergewöhnliches Mädchen mit ganz unstandesgemäßen, kantigen Ansichten in dieser Welt der Reichen und Schönen – so ist sie, die kleine Elisabeth.

Eines Tages im Jahre 1216, Elisabeth ist neun Jahre alt, stirbt ihr junger Verlobter Hermann. Wenige Monate später stirbt auch der Landgraf selbst.

Sie sucht einen Weg zu Gott, schon als Kind.

Der von ihren Eltern und Schwiegereltern so schön vorgezeichnete Weg ist plötzlich abgebrochen. Wie soll es weitergehen?

Das fragen sich viele Leute am Hof, und vielleicht auch die junge Elisabeth selbst. Welchen Sinn hat es noch, dass das fremde ungarische Mädchen am thüringischen Fürstenhof bleibt?

Doch da, am Ende des Weges, eröffnet sich nach und nach eine neue Perspektive: der zweite Sohn des Landgrafenpaares, Ludwig, übernimmt nach dem Tod seines Bruders und Vaters die Regierungsgeschäfte von Thüringen. Es ist das Jahr 1218. Ludwig schickt Elisabeth nicht zurück. Denn mittlerweile hat er sich in das junge Mädchen verliebt. Und auch Elisabeth entwickelt Gefühle für ihn. Als sie über das Heiraten nachdenkt, ist sie erst 12 Jahre alt. Eines Tages bekommt sie von ihrem Verehrer Ludwig ein außergewöhnliches Geschenk, sehr passend für dieses Mädchen mit der leidenschaftlichen Liebe zu Jesus: ein Spiegel, auf dessen Rückseite Christus zu sehen ist. Wann immer sie sich nun im Spiegel betrachtet, kann sie zuversichtlich sein: ich bin nicht allein im Leben. Alles, was ich bin und lebe, das bin und lebe ich in Christus. Er ist da, auch wenn ich ihn erst auf den zweiten Blick sehe.

Im Jahr 1221, Elisabeth ist 14 Jahre alt, heiratet sie den sieben Jahre älteren Ludwig und wird Landgräfin von Thüringen. Es ist eine Heirat aus Liebe, für die damalige Zeit eher ungewöhnlich. Geplant war eine Heirat aus vernünftigen und politischen Erwägungen, doch nun ist alles anders gekommen. Viel besser, als Elisabeth oder irgendjemand anderes es sich hätte ausdenken können.

Gott hat für Elisabeth einen Weg gebahnt, wo nach menschlichen Massstäben alles ausweglos erschien.

Elisabeth darf schöne Jahre mit ihrem Mann verbringen. Die beiden lieben sich innig. Elisabeth begleitet Ludwig, sooft es geht, auf seinen Reisen als Landesfürst. Aus ihrer Ehe gehen drei Kinder hervor. Das erste, Sophie, bekommt Elisabeth schon ein Jahr nach der Hochzeit. Ludwig lässt seiner jungen Frau viele Freiheiten. Nun, da sie Landgräfin ist, bekommt Elisabeths starke persönliche Frömmigkeit plötzlich eine politische Dimension – denn die Dinge, die sie tut, tut sie ja nun als Landesfürstin. Ihre Untertanen schauen auf sie und beginnen bald, sie wegen ihrer karitativen Arbeit zu lieben und zu schätzen. Am Fürstenhof schauen ebenfalls viele auf sie, allerdings eher mit Argwohn und Mißbilligung, denn Elisabeth spendet freizügig aus dem Vermögen ihres Mannes für die Armen.

Aber sie lässt sich ihre barmherzigen Taten auch selbst etwas kosten: wenn sie am Hof gemeinsam zu Tisch sitzen, dann isst Elisabeth nichts, was unrechtmäßig, durch Ausbeutung der Untertanen, erworben sein könnte. Auch ihre Dienerinnen hält sie dazu an. Nur, wenn sie sicher weiß, dass die Lebensmittel von ihren eigenen Ländereien kommen, lässt sie es sich mit gutem Gewissen schmecken. Am Fuß der Wartburg, in der sie mit ihrem Mann und dem ganzen Hof lebt, lässt sie ein kleines Krankenhaus errichten, in dem sie sich liebevoll und aufopfernd um Arme, Kranke und Waisenkinder kümmert. Das Essen für „ihre" Kranken spart sie sich vom Munde ab. Wenn sie Arme in Eisenach in ihren Häusern besucht, dann gehen die Dienerinnen, die Elisabeth begleiten, oft nicht mit hinein. Sie ekeln sich vor dem Dreck, dem Gestank und den Krankheiten. Elisabeth dagegen scheint keinen Ekel zu kennen oder hat ihn sich weitgehend abgewöhnt. Sie versucht, in den Kranken den leidenden Christus zu sehen. Wenn sie kleinen Kindern die eitrigen Wunden auswäscht, wäscht sie Christus. Wenn sie Leprakranke berührt und pflegt, pflegt sie Christus.

Alles, was sie tut, tut sie extremer und unkonventioneller, als es in ihrer Zeit für eine Frau aus ihrer Gesellschaftsschicht üblich war. Elisabeth setzt sich über standesgemäße Grenzen hinweg.

Karitative Arbeit und Werke der Barmherzigkeit waren an sich ein normales Betätigungsfeld für adelige Frauen. Doch Elisabeth ist nicht „normal" im landläufigen Sinn. Alles, was sie tut, tut sie extremer und unkonventioneller, als es in ihrer Zeit für eine Frau aus ihrer Gesellschaftsschicht üblich war. Elisabeth setzt sich über standesgemäße Grenzen hinweg. Ihre Dienerinnen auf der Wartburg dürfen sie mit „du" und „Elisabeth" anreden. Das ist nicht „normal". Ihr scheint es auch egal zu sein, dass andere am Hof, auch die Familie ihres Mannes, ihr ungewöhnlich starkes Engagement den Armen gegenüber als „nicht normal" empfinden. Elisabeth weigert sich standhaft, sich an die Norm ihrer Umwelt anzupassen.

Während der großen Hungersnot des Jahres 1226 – ihr Mann ist gerade auf Reisen – lässt Elisabeth die landgräflichen Kornspeicher öffnen und das Korn an die Armen verteilen. Außerdem schenkt sie denen, die noch arbeiten können, Kleidung, Schuhe und Sensen, damit sie sich wieder selbst ihren Lebensunterhalt erwerben können. Das ist mutig ... und vielleicht auch ein bisschen verrückt, alles wegzuschenken. Aber auch weitsichtig: die Armen sollen demnächst in der Lage sein, sich selbst zu helfen.

Die Verwalter der gräflichen Besitzungen sind aufgebracht und beschweren sich bei Ludwig, als er nach Hause zurückkehrt. Ludwig wird nicht wütend. Aber er ist besorgt. Er fragt seine Frau Elisabeth, wovon sie nun ihre Untertanen auf der Burg ernähren sollen. Elisabeth antwortet ihrem Mann, dass alles, was sie besitzen, ohnehin Gott gehört. Sie habe es ihm nur wieder zurückgegeben.

Elisabeth arbeitet viel. Und sie betet viel. Ihre Dienerinnen müssen sie nachts oft wecken. Damit Ludwig nicht mit aufwacht, ziehen sie Elisabeth an den Zehenspitzen. Eines Tages erwischt Elisabeths Dienerin Isentrud aus Versehen Ludwigs Zehen und weckt ihn auf. Ludwig weiß um die extremen Frömmigkeitsübungen seiner jungen Frau. Stundenlang liegt sie auf dem kalten Boden und betet. Er bittet sie immer wieder, sich doch mehr zu schonen. Aber er achtet ihre Entscheidung, auch wenn er seine Frau vielleicht nicht ganz versteht. Elisabeth mag keine halben Sachen. Sie ist sehr leidenschaftlich. In ihrer Beziehung zu Ludwig, aber eben auch in ihrer Beziehung zu Gott. Ludwig weiß das. Er will und muss nicht mit Gott um Elisabeths Liebe konkurrieren.

Im Jahr 1226, auf dem Hoftag in Cremona, wird Ludwig von Kaiser Friedrich II. eingeladen, am nächsten Kreuzzug teilzunehmen. Ludwig nimmt das Kreuzzugs-Kreuz als Zeichen seines Einverständnisses und seiner Teilnahme.

Zuhause angekommen, bringt er es wohl nicht übers Herz, seiner Frau davon zu erzählen. Elisabeth findet das Kreuzzugskreuz an seinen Kleidern. Sie ist zutiefst erschrocken. Sie weiß, was das bedeuten kann – jahrelange Trennung, und vielleicht auch ein Abschied für immer. Als Ludwig im Juni 1227 mit seinem Gefolge aufbricht, um zum Heer des Kaisers zu stoßen, begleitet ihn Elisabeth, so lange sie kann. Sie ist 19 Jahre alt und gerade mit ihrem dritten gemeinsamen Kind schwanger. An Thüringens Grenze müssen sie sich verabschieden. Elisabeth ist untröstlich. In der Folgezeit trägt sie schwarze Kleider, wie eine Witwe. Vielleicht hat sie auch schon geahnt, was kommen wird. Ihr Mann Ludwig kommt nie ins Heilige Land. Auf seinem Schiff, das vor Otranto in Süditalien vor Anker liegt, stirbt er noch im September desselben Jahres. Als die Nachricht Elisabeth schließlich erreicht, rennt sie wie eine Wahnsinnige in ihrem Zimmer hin und her. Sie ist außer sich. „Ludwig ist tot. Mit ihm ist mir die Welt gestorben“, schreit sie.

Der gemeinsame gute Weg von Elisabeth und Ludwig ist plötzlich zum Ende gekommen.

Einfach abgebrochen.

Wie soll es weitergehen?

In der Folgezeit wird Elisabeths Lage am Hof immer schwieriger. Ludwig ist nicht mehr da, um sie vor dem Misstrauen und dem Unmut seiner Verwandtschaft zu schützen. Ihre Schwiegermutter Sophie und ihr Schwager, der neue Landgraf Heinrich, stellen Regeln auf, an die sich Elisabeth halten soll. Sie möchten sie kontrollieren. Sie möchten eine standesgemäße Lösung für das „Problem Elisabeth" finden, denn für eine verwitwete Frau aus dem Adel gab es damals nur zwei Möglichkeiten: Wiederheirat oder Kloster.

Elisabeth aber möchte wie immer keine der beiden vorgegebenen Möglichkeiten wählen. Sie lässt sich in kein Schema pressen.

Das Leben auf der Wartburg wird durch die Erwartungen und Restriktionen ihrer Verwandtschaft immer mehr zur Qual.

Sie lässt sich in kein Schema pressen.

Eines Nachts, im Winter 1227, flieht sie aus dem goldenen Käfig. Wo soll sie hin? Erstmal findet sie in Eisenach in einem Schweinestall und danach im Haus eines ehemaligen Dieners Unterschlupf. Die Franziskaner, mit denen sie schon vorher gute Beziehungen unterhalten hatte, geben ihr geistlichen Halt. Doch äußerlich gesehen ist sie haltlos. Mehrmals muss sie ihre Unterkünfte wechseln. Sie lebt in einfachsten Verhältnissen, zusammen mit ihren drei Kindern und einigen wenigen Dienerinnen. Jetzt, wo sie nicht mehr die strahlende Landesfürstin, sondern am Hof in Ungnade gefallen ist, zeigen viele der Menschen, denen sie früher geholfen hat, ihr wahres Gesicht. Eine alte kranke Frau, der Elisabeth immer wieder Medikamente gegeben hatte, stößt Elisabeth in den Dreck. Jetzt, wo Elisabeth selbst wie eine von ihnen geworden ist, verlieren sie die Achtung vor ihr – wohl weil auch sie keine Selbstachtung mehr besitzen.

Eines Nachts, im Winter 1227,
flieht sie aus dem goldenen Käfig.

Eines Tages, in der Osterzeit des Jahres 1228, schüttet Elisabeth wieder einmal ihr Herz vor Gott aus.

Sie weiss nicht, wie es weitergehen soll. Sie weiss den Weg nicht mehr. Es scheint so, als sei sie in eine Sackgasse geraten. Aber Gott antwortet ihr. Auch dieses Mal bahnt er ihr einen Weg, der mehr als nur ein Ausweg ist. „Ja, Herr, du willst bei mir sein, und ich will bei dir sein und werde nicht von dir lassen", ruft Elisabeth mit Lachen und Weinen mitten im Gebet. Ihre Dienerin und Freundin Isentrud, die dabei ist, hört es und wundert sich.

Elisabeth ist nun wieder zuversichtlich: wenn sie sich an Gott festhält, wird er bei ihr bleiben und sie führen.

Wenn sie sich an Gott festhält,

wird er bei ihr bleiben und sie führen.

Elisabeth trifft eine Entscheidung: mit dem Geld, das ihr von ihrem Witwengut geblieben ist, will sie nach Marburg gehen. Dort wohnt ihr Beichtvater und geistlicher Ratgeber Konrad von Marburg.

Sie wählt einen Weg, den es eigentlich für eine Frau ihres Standes gar nicht gibt: sie möchte nicht heiraten. Sie möchte nicht in ein Kloster. Als unverheiratete Frau will sie wie eine Ordensfrau leben, aber mitten in der Welt. Sie will sich ihren Lebensunterhalt selbst verdienen und den Armen und Kranken Marburgs helfen. Dieser Weg wird nicht immer leicht sein, sondern oft gefährlich und anstrengend. Das will sie ihren Kindern nicht zumuten. Schweren Herzens gibt sie ihre älteste Tochter Sophie und ihren Sohn Hermann zu ihrer Tante ins Kloster nach Kitzingen. Die kleine Gertrud kommt mit ihr, bis sie laufen gelernt hat. Dann wird sie zur weiteren Erziehung dem Kloster Altenberg bei Wetzlar anvertraut.

Dieser Weg wird nicht immer leicht sein,
sondern oft gefährlich und anstrengend.

Vor Konrad von Marburg und im Beisein anderer Ordensleute legt sie in einer Franziskanerkapelle ein Gelübde ab.

Vor Konrad von Marburg und im Beisein anderer Ordensleute legt sie in einer Franziskanerkapelle ein Gelübde ab.

Sie löst sich von ihrem alten Leben. Es ist der erste Schritt in ein neues Leben.

Im Sommer des Jahres 1228 bricht sie schließlich nach Marburg auf. Ihre Dienerinnen und Vertrauten Guda und Isentrud begleiten sie. Dort angekommen, wohnt sie erst einmal im kleinen Dörfchen Wehrda.

Von ihrem wenigen noch verbliebenen Witwengeld lässt sie am Fuß der Stadt Marburg, weit weg von den gesunden Bürgern der Stadt, ein „Siechenhaus" errichten: ein einfaches Holzgebäude mit einem Mittelgang, Betten für 25 Patienten zu beiden Seiten und einer anschließenden Kapelle.

Elisabeth und ihre Dienerinnen tragen ein einfaches graues Gewand als Zeichen der neuen Hospitalgemeinschaft. Sie machen alles selbst: sie pflegen die Kranken mit einfachsten Mitteln, sie waschen und kochen. Zusätzlich spinnt und verkauft Elisabeth Wolle für ihren Lebensunterhalt und die Versorgung der Kranken.

Ihr Vater, König Andreas, hört im fernen Ungarn davon, dass seine Tochter wie eine Bettlerin lebt. Er will sie zu sich holen. Er schickt einen Gesandten, Graf Panian, der Elisabeth heimbringen soll, heim zu einem standesgemäßen Leben. Graf Panian trifft Elisabeth am Spinnrad an und ruft entsetzt: „Noch nie habe ich eine Königstochter Wolle spinnen sehen!"

Elisabeth geht nicht mit zurück nach Ungarn. Sie ist jetzt in Marburg zu Hause, wo sie ihre Aufgabe und Berufung sieht. Außerdem hat sie ihre Heimat ja schon gefunden: es ist Gott, in dem sie zu Hause sein kann.

Mit der Zeit stoßen gleichgesinnte Frauen und auch Männer zu Elisabeths Arbeit. Auch außerhalb des Krankenhauses wenden sie sich den Armen Marburgs zu, geben ihnen Essen, Aufmerksamkeit und Liebe. Eines Abends, nach einer Armenspeisung vor dem kleinen Krankenhaus, bleiben viele Menschen einfach da.

Elisabeth und ihre Mitarbeiterinnen zünden Feuer an, verteilen Brot und beginnen, den Armen die Füße zu waschen. Die fangen schließlich an zu singen, weil ihnen jemand Gutes tut und sie sich geliebt und geachtet fühlen. Elisabeth sagt zu ihren Mitarbeitern: „Seht, ich habe es doch gesagt: wir sollen die Menschen froh machen!“

Elisabeth geht in ihrer Arbeit ganz auf. Sie kocht, obwohl sie es nie gelernt hat. Sie wäscht die Bettwäsche „ihrer" Kranken. Obwohl sie kaum medizinische Kenntnisse hat, werden viele Kranke durch ihre ausdauernde, geduldige Pflege gesund. Elisabeth nimmt einen Jungen, der an der Krätze leidet, in ihr Haus auf, und nach einiger Zeit ist er geheilt. Ein schwerkrankes Kind, das nicht mehr laufen kann, trägt Elisabeth nachts immer wieder nach draußen, zur „Toilette". Eine Frau, die am ganzen Körper mit eitrigen Geschwüren bedeckt ist und vor der sich viele andere ekeln, pflegt Elisabeth gesund, nicht allein durch Salben, sondern auch durch die heilsame Begegnung zwischen Herz und Herz. Einen Mann, der vor Schmutz nur so starrt, wäscht Elisabeth. Doch er ist so ungepflegt, dass selbst die hartgesottene Elisabeth das Grausen bekommt. Als sie merkt, wie sie sich ekelt, straft sie sich selbst, indem sie das schmutzige Waschwasser trinkt. „O Herr, du hast am heiligen Kreuz um meinetwillen Essig und Galle getrunken. Dafür sage ich dir von Herzen Dank" betet sie dabei.

„Dafür sage ich dir von Herzen Dank“

Sie will Gott gefallen, und hat
es dabei oft übertrieben.

Elisabeth ist sehr hart zu sich selbst. Und manchmal kann sie auch hart zu anderen sein. Eine Frau, die sie in ihr Krankenhaus aufgenommen hat, ist nicht bereit, zur Beichte zu gehen. Das duldet Elisabeth nicht. Für sie besteht ein Zusammenhang zwischen Seele und Körper, zwischen geistlicher und körperlicher Gesundheit. Auch darin ist sie Visionärin. Sie sieht nicht nur die Krankheiten des Körpers, sondern auch der Seele. Doch scheint es, als wolle sie andere mitunter zu ihrem Heil zwingen. Als die Frau sich standhaft weigert, treibt Elisabeth sie mit dem Stock zur Beichte.

Elisabeth verbraucht sich in ihrer Arbeit. Sie isst wenig, arbeitet zu hart, und betet nachts zu lange. Darin ist sie ein Kind ihrer Zeit, in der ein asketisches Leben als Weg zu Gott gesehen wurde. Sie will Gott gefallen, und hat es dabei oft übertrieben.

Elisabeth ist auch geprägt durch ihre eigene, leidvolle Geschichte. Das Gefühl der Geborgenheit bei den Eltern hat sie bereits früh verloren. Vielleicht ist ihr Gott als der Vater immer etwas ferner geblieben als der leidende, einsame Christus.

In all ihrer Gebrochenheit, mit ihren Fehlern und Charakterschwächen hat sie es dennoch geschafft, durch die eigenen Wunden anderen Heilung zu bringen:

Wo sie selbst heimatlos war, hat sie anderen Heimat gegeben; wo sie selbst elternlos war, hat sie für andere wie eine Mutter gesorgt; wo sie selbst große Traurigkeit erlebt hat, hat sie anderen Freude geschenkt; wo sie selbst verachtet worden ist, hat sie anderen Achtung entgegengebracht und ihnen in Wort und Tat die Liebe Gottes gezeigt.

Gott kann nur Großes mit Menschen tun, die wissen, dass sie selbst nichts zu geben haben; die anerkennen, dass sie wie leere Gefäße sind und sich von Gott „füllen“ lassen; die gebrochen sind und von ihm Heilung erwarten; die sich nach Liebe sehnen und ihre ganze Sehnsucht auf Gott richten.
So ein Mensch war Elisabeth.

Im Spätherbst des Jahres 1231 wird sie plötzlich krank. Schnell verschlimmert sich ihr Zustand. Ihr Leben, das das Leben vieler anderer hell gemacht hat, droht zu verlöschen wie eine Kerze, die plötzlich ausgeblasen wird. An ihrem Sterbebett stehen Menschen, die Elisabeth etwas bedeutet haben. Der kleine Junge, den sie von der Krätze geheilt hat, weicht nicht von ihrer Seite.

Ist sie nun am Ende ihres Weges angekommen?
Nein. Gott bahnt einen Weg. Elisabeth darf weitergehen. Sie folgt der Liebe ihres Lebens: Christus. Er ist ihr vorausgegangen, an den Ort, den niemand jemals gesehen hat.

Er bereitet ihr ein neues Zuhause, wo sie endlich, endlich ausruhen kann. Er macht sie fröhlich, so wie Elisabeth selbst viele fröhlich gemacht hat.

Kurz vor ihrem Tod hört eine Freundin sie singen. Vielleicht ist es schon die unendliche Freude des Paradieses, die Elisabeth an der Schwelle vom Tod zum neuen Leben empfunden hat.

Er ist ihr vorausgegangen, an den Ort,
den niemand jemals gesehen hat.

Sie stirbt im November des Jahres 1231 im Alter von nur 24 Jahren.
Marburg ist wieder ein Stück dunkler geworden.

Das empfinden die Menschen, die bald in Scharen zu ihrem Grab kommen. In Elisabeth ist ihnen etwas von Gottes Gnade und Herrlichkeit begegnet. So pilgern sie nun zu ihrem Grab mit einer großen Sehnsucht im Herzen – der Sehnsucht nach einer Gottesbegegnung, die ihr Leben verändert.

Bald gibt es Berichte von Heilungen am Grab der Elisabeth.

Am 27. Mai, dem Pfingstfest des Jahres 1235, wird Elisabeth in Perugia in Italien heilig gesprochen.

Am 14. August desselben Jahres wird der Grundstein zum Bau der Grabkirche über Elisabeths letzter Ruhestätte begonnen.

50 Jahre lang dauert der Bau der gotischen Elisabethkirche.
Marburg wird für viele Jahrhunderte zu einem Zentrum für Pilger aus ganz Europa. Caritative Einrichtungen werden in Elisabeths Namen ins Leben gerufen.

Elisabeths grosse Leidenschaft für Christus
und ihre Liebe zu den Armen und Kranken,
zu den Benachteiligten ihrer Zeit,
hat Spuren hinterlassen.
Diesen Spuren können wir folgen, bis wir
unsere eigene Berufung und unseren Weg
mit Gott gefunden haben.

Mehr von Steffi Baltes zum Thema: Elisabeth von Thüringen

Elisabeth von Thüringen – Inspirationen aus dem Leben einer ungewöhnlichen Frau

historische Fakten
gepaart mit geistlichen Impulsen
ISBN: 978-3-86122-873-8
Euro 15,95

Elisabeth von Thüringen – Inspirationen aus dem Leben einer ungewöhnlichen Frau
DAS HÖRBUCH

Gekürzte Lesung von der Autorin selbst.
Mit Musik unterlegt.
CD, 75 Min. Laufzeit
ISBN: 978-3-86122-948-3
Euro 9,95

FRAUEN, die Geschichte schrieben

ELISABETH STIEFEL:
Kleine Chronik großer Frauen Band 1

ISBN 978-3-86122-776-2
144 Seiten, mit Fotos, gebunden

Anna Magdalena Bach – Anna Rebecca Claudius – Margarete Steiff – Selma Lagerlöf – Julia von Bodelschwingh – Helene Schweitzer-Bresslau – Elly Heuss-Knapp – Dorothea Steigerwald

Nobelpreisträgerin, Firmengründerin, First Lady oder Ehefrau und Mutter: Diese acht Frauen haben großartiges bewegt – weniger durch ihre individuellen Fähigkeiten als durch ihr Gottvertrauen.

Mit zahlreichen Impulsen und Gestaltungshilfen für Gesprächskreise in der Gemeinde, auf Freizeiten, bei Themenabenden . . .

Von der „Kleinen Chronik großer Frauen" ist bereits ein zweiter Band erschienen, der mit feinem Strich faszinierende Portraits der folgenden Frauen zeichnet: Erdmuthe Dorothea Gräfin von Zinzendorf - Dorothea Christiana Erxleben - Catherine Booth - Christa von Viebahn - Corrie ten Boom - Elisabeth Cruciger - Ämilie Juliane Reichsgräfin von Schwarzburg-Rudolstadt - Luise Maria Hensel - Charlotte Rheilen

ISBN 978-3-86122-850-9
176 Seiten, mit Fotos, gebunden

Frauen, die Geschichte schrieben

Emmy Kraetke-Rumpf:
Die Ärztin aus Quedlinburg

ISBN 978-3-86122-006-0

208 Seiten, kartoniert

„Die Bemühung, den Verstand zu schärfen, deutlich und gründlich zu denken, kann der Ausübung der häuslichen Verrichtungen nicht nachteilig sein, ja es ist eine studierende Frau desto geschickter, die Pflichten einer guten Hauswirtin und Ehegattin zu erfüllen, je gelehrter sie ist ...“

Wer ahnt heute noch den Sprengstoff, den diese Worte für die Zeit bedeuteten, in der sie geschrieben wurden? Doch ihre Verfasserin, Dorothea Christiane Erxleben, beließ es nicht bei Worten. Alles andere als ein verbiesterter Blaustrumpf, promovierte die hübsche Quedlinburgerin im Jahr 1754 als erste Frau in Deutschland zum Doktor. Die Ärztin, Mutter und Pfarrfrau lebte ihre dreifache Berufung bis zur letzten Konsequenz ...

Lassen Sie sich berühren vom kräftigen Farbenspiel eines Lebensbildes, das Licht und Schatten, Tragik und Triumphe einer Epoche größter Umwälzungen widerspiegelt.